DES [...]

POUR APPRE[...]

5^e^

Cécile Beauvoir, professeur agrégé d'anglais
Sylvie Jouberton, professeur d'anglais
Marie Garagnoux

- **Les 19 doubles pages de jeux** comportent toutes les notions (grammaire et vocabulaire) nécessaires à leur réalisation.
- **Le jeu du shérif** (pages 40 à 43) récapitule l'ensemble des connaissances acquises dans le cahier. Tu t'apercevras que tu as appris ou révisé un très grand nombre de mots et d'expressions tout en t'amusant...
- **Les solutions** se trouvent sur les pages 44 à 46.
- **Le lexique** (pages 47-48) reprend tout le vocabulaire utilisé dans le cahier.

I'm a dentist!

On emploie toujours l'article indéfini a/an devant les noms de métiers.

1

Retrouve le métier de chacun.

I'm a painter.

I'm an actress.

I'm a banker.

I'm a waiter.

Lorsque l'on parle d'une chose bien précise, on emploie **the**, au singulier comme au pluriel :
the horse (celui que je te montre ou dont on est en train de parler) ;
the Daltons (ceux que nous connaissons).
Lorsque l'on parle d'une chose en général (l'argent, l'amour…), on emploie **l'article zéro ø** :
I love ø money.

2

Que disent ces personnages ? Écris les numéros de la bonne phrase dans chaque image.

1. ***I love hot chocolate.***
2. ***A mouse!***
3. ***Where is the money?***
4. ***I love meat.***

3

Qui aurait pu dire ces phrases ? À toi de les classer.

1. ***I like justice.***
2. ***I love dollars.***
3. ***I have got a horse.***
4. ***I love mummy.***
5. ***I need a bank.***
6. ***I hate the sheriff.***
7. ***I don't like outlaws.***
8. ***I'm a famous cowboy.***

Lucky Luke:

....

....

....

....

En anglais, il y a des noms que l'on peut compter (dénombrables) : ***a bank → banks*** ; ***a dog → dogs***. Et d'autres que l'on ne peut pas compter (indénombrables) : ***ø love***, ***ø milk***, ***ø meat***, ***ø hair***.
→ Ces mots n'ont pas de pluriel.

Joe Dalton:

....

....

....

....

4

Complète les phrases suivantes par ***a***, ***an***, ***the*** ou ***ø***.

1. ***Rin Tin Can is .... good dog.***
2. ***Joe, have you got .... courage?***
3. ***Averell doesn't like .... flowers.***
4. ***Jolly Jumper is .... clever horse.***
5. ***I want to be .... doctor.***
6. ***Rin Tin Can : "I love .... bones".***
7. ***She wants to be .... actress.***

- ***clever:*** intelligent
- ***flower:*** fleur
- ***give:*** donner
- ***happiness:*** bonheur
- ***need:*** avoir besoin de
- ***outlaw:*** hors-la-loi

5

« L'argent ne fait pas le bonheur », « Le temps, c'est de l'argent ».
Reconstitue ces deux proverbes à l'aide des mots ci-dessous :
money/time/is/make/happiness/doesn't/money

1. ....

2. ....

I'm good at sports!

Certains de nos héros sont très sportifs.

Le **golf** est très pratiqué en Angleterre, mais c'est le **cricket** qui est le sport anglais par excellence. Ses origines remontent au XVIe siècle. On y joue aussi en Australie, au Canada, en Afrique du Sud ou en Inde, anciennes colonies britanniques. Attention, les règles du jeu sont quasi incompréhensibles pour les non-initiés !

1

Le golf (***golf***) et le tennis (***tennis***) ne sont pas difficiles à identifier car les mots sont les mêmes en français et en anglais. Voici six autres sports, découvre leur nom grâce à ces symboles.

● (vert)	=	A
▲ (rouge)	=	B
● (rose)	=	C
✻ (vert)	=	G
■ (orange)	=	I
■ (rouge)	=	L
● (bleu)	=	M
■ (vert)	=	N
▲ (bleu)	=	R

S	W	■ (orange)	● (bleu)	● (bleu)	■ (orange)	■ (vert)	✻ (vert)

▲ (rouge)	● (vert)	S	E	▲ (rouge)	● (vert)	■ (rouge)	■ (rouge)

● (rose)	Y	● (rose)	■ (rouge)	■ (orange)	■ (vert)	✻ (vert)

● (rose)	■ (rouge)	■ (orange)	● (bleu)	B	■ (orange)	■ (vert)	✻ (vert)

▲ (bleu)	■ (orange)	D	■ (orange)	■ (vert)	✻ (vert)

F	E	■	●	■	■	✻

Les équipes de football américain ont leurs ***cheerleaders*** qui dansent et chantent pour encourager ***(cheer)*** les joueurs.

2

Autour du sport : le quiz d'Averell… aïe, aïe, aïe !

1. ***to do sport:*** ❑ **faire du sport** ❑ **tirer au sort**
2. ***the sports ground:*** ❑ **piste d'atterrissage pour mouches** ❑ **terrain de sport**
3. ***a sportsman:*** ❑ **un sportif** ❑ **un sport d'homme**
4. ***a sportswoman:*** ❑ **une sorte de femme** ❑ **une sportive**
5. ***sporty:*** ❑ **nom du chien de Joe** ❑ **sportif**
6. ***to be good at sports:*** ❑ **faire un bon sport** ❑ **être bon en sport**

3

Attention, ***football*** aux États-Unis signifie football américain. Le football tel qu'on le pratique en Europe se dit ***soccer***.
Quel que soit le sport dont il est question, si tu suis les flèches, tu découvriras des mots bien utiles.

sifflet	***kickoff***
mi-temps	***team***
arbitre	***referee***
équipe	***whistle***
coup d'envoi	***half-time***

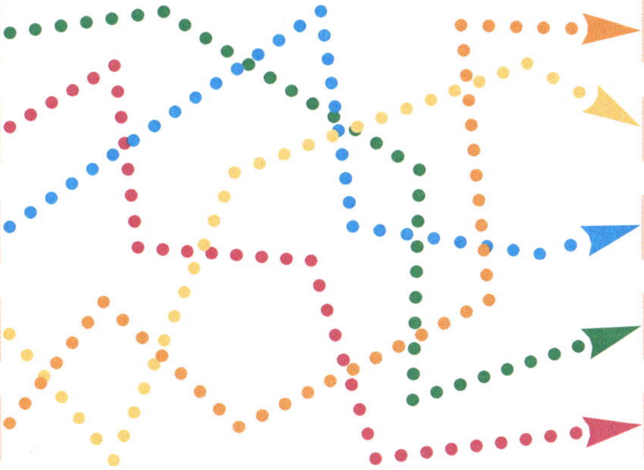

4

Le sport, c'est aussi cela…

béquilles	***bruises***
plâtre	***crutches***
bosse	***plaster***
bleus	***bump***

5

Les Dalton font leur gymnastique. Ils veulent devenir grands et forts. Pour connaître leur taille, on leur demande : ***How tall are you?*** Voici leurs réponses, associe-les à chacun (en chiffres et en toutes lettres).

I'm 1,22 m.

I'm 1,80 m.

I'm 1,60 m.

I'm one metre eighty.

I'm one metre twenty-two.

I'm one metre sixty.

1. ***I'm 1,10 m. I'm one metre ten.***

2. ……………………………………………………………………

3. ……………………………………………………………………

4. ……………………………………………………………………

6

Cet escrimeur est très gros. Pour connaître son poids, on lui a demandé : ***What's your weight?*** Regarde bien sa réponse pour relier les bonnes réponses aux trois autres personnages.

I weigh twenty kilos.

I weigh half a kilo.

I weigh sixty kilos.

7

Trouve l'intrus dans cette série de mots.

fencing/riding/cooking/swimming/climbing/cycling

....

8

Vrai ou faux ?

1. ***Cricket is a British sport.***	❑ **Vrai**	❑ **Faux**
2. ***A soccer grounds is about twenty-five metres long.***	❑ **Vrai**	❑ **Faux**
3. ***You play golf with crutches.***	❑ **Vrai**	❑ **Faux**
4. ***A tennis court is about one hundred ten metres long.***	❑ **Vrai**	❑ **Faux**
5. ***You swim in water.***	❑ **Vrai**	❑ **Faux**
6. ***A football team has seven players.***	❑ **Vrai**	❑ **Faux**
7. ***The referee has got a whistle.***	❑ **Vrai**	❑ **Faux**

How often do you go shopping?

Chacun parle
de ses habitudes.

She goes shopping on Friday.

1

Pour savoir quand quelqu'un fait quelque chose d'habituel, on lui demande : ***How often… ?*** Regarde le tableau ci-dessous pour répondre aux trois questions.

	Sunday	*Monday*	*Tuesday*	*Wednesday*	*Thursday*	*Friday*	*Saturday*
1. go shopping							●
2. do the washing-up		●	●	●	●		●
3. watch television							●
4. play tennis	●			●			

1. ***How often do you go shopping? I go shopping on Saturday.***
2. ***How often do you do the washing-up?*** ....
3. ***How often do you watch television?*** ....
4. ***How often do you play tennis?*** ....

2

- ***on Monday:*** le lundi
- ***every Monday:*** chaque lundi
- ***on Mondays:*** les lundis
- ***a week/month/year:*** par semaine/mois/an
- ***once:*** une fois
- ***twice:*** deux fois
- ***three times:*** trois fois
- ***four times:*** quatre fois

Pour demander combien de fois on fait les choses, on demande ***How many times… ?*** Réponds aux questions à l'aide du tableau ci-dessus.

1. ***How many times a week do you go shopping? I go shopping once a week.***
2. ***How many times a week do you do the washing-up?*** ....
3. ***How many times a week do you watch television?*** ....
4. ***How many times a week do you play tennis?*** ....

3

Tu sais que jamais se dit ***never***, toujours ***always***, souvent ***often*** et quelquefois ***sometimes***.
On interroge Jolly Jumper sur les habitudes de Lucky Luke. Aide-toi du modèle pour poser les questions et y répondre.

arrest the Daltons → How often does he arrest the Daltons?

(often) → He often arrests the Daltons.

1. ***look for the Daltons →*** ....?

   (always) → ....

2. ***play with the Daltons →*** ....?

   (never) → ....

3. ***go swimming →*** ....?

   (sometimes) → ....

4

Attribue ces phrases aux cinq personnages ci-dessous :

- ***do the cooking:*** faire la cuisine
- ***do the washing-up:*** faire la vaisselle
- ***go shopping:*** faire les courses
- ***jail:*** prison
- ***look for:*** rechercher
- ***rob:*** cambrioler

1. ***I rob banks twice a week.***
2. ***I eat bones every day.***
3. ***I do the cooking twice a day.***
4. ***We go to jail once a month.***
5. ***I go to Washington four times a year.***

Billy the Kid: ....

Lucky Luke: ....

Ma Dalton: ....

The Daltons: ....

Rin Tin Can: ....

How much?

Il y a trop de gangsters et trop de nourriture !

1

Comme tu le vois, ***too much*** (trop de…) est suivi du singulier, ***too many*** (trop de…) du pluriel. Remets les phrases de ces trois images dans le bon ordre. Attention aux majuscules et à la ponctuation.

A. ....

B. ....

C. ....

2

Complète les phrases des bulles par ***much*** ou ***many*** et écris sous chaque image la question qui était posée aux personnages.

....

....

....

Récapitulons...

	SINGULIER	PLURIEL
beaucoup	***much***	***many***
trop de…	***too much***	***too many***
pas beaucoup	***not much***	***not many***
combien ?	***how much?***	***how many?***

du…/de la…/des… → ***some: Do you have some milk? Do you want some meat?***

3

Le shérif interroge les Dalton. Rédige questions et réponses en suivant le modèle. Tu remarqueras que l'on n'est pas toujours obligé de répéter le mot ***guns***.

guns → Have you got any guns?
(not any) → No, we haven't got any (guns).
(no)→ No, we have got no guns.
(some)→ Yes, we have got some (guns).

- ***mistake:*** faute
- ***regret:*** regret
- ***rule:*** règle

1. ***dollars*** → ....?
(not any) → ....
2. ***rules*** → ....?
(no) → ....
3. ***courage*** → ....?
(some) → ....
4. ***friends*** → ....?
(not any) → ....
5. ***regrets*** → ....?
(no) → ....

4

Relie ces citations des Dalton à leur équivalent français.

1	**Mademoiselle, vous avez trop de bijoux ! Donnez m'en !**	A	***There isn't much respect for gangsters here!***
2	**Averell, tu as trop de gâteau ! Donne m'en !**	B	***Averell, you've got too much cake! Give me some!***
3	**Il y a trop de dollars dans cette banque ! Donnez m'en !**	C	***There are too many dollars in this bank! Give me some!***
4	**Il n'y a pas beaucoup de respect pour les gangsters ici !**	D	***Miss, you've got too many jewels! Give me some!***

How far do you live?

Nos personnages se posent vraiment toutes sortes de questions.

1

Aide-toi de ces cinq mini-dialogues pour compléter le tableau.

1. ***<u>What</u>'s this?***
This is a gun.
2. ***<u>Who</u> are you?***
I'm Joe, Joe Dalton.
3. ***<u>Where</u> do you live?***
I live in Chicago.
4. ***<u>How</u> do you feel?***
I feel fine, thank you.
5. ***<u>When</u> do you go swimming?***
I go swimming on Wednesday.

Pronom interrogatif	interroge sur :
A.	l'identité d'une personne
B.	une chose
C.	un lieu
D.	un moment
E.	la manière

2

Reconstitue quatre dialogues à l'aide des huit phrases ci-dessous.

1. ***What's there for dinner?***
2. ***He comes on Sundays.***
3. ***Who is this man?***
4. ***There's some chicken.***
5. ***When does he come?***
6. ***She's in the kitchen.***
7. ***Where is she?***
8. ***He's Lucky Luke.***

A. ....?
....
B. ....?
....
C. ....?
....
D. ....?
....

3

Pose la question correspondant à la partie soulignée. Attention ! N'oublie pas que lorsque tu poses une question, tu dois employer **un auxiliaire** qui varie selon le temps, le mode et la personne. ***What are you doing? Where do you live?***

Voici les questions pour demander…

- L'heure : ***What time… ?***
  What time is it?
- L'âge : ***How old… ?***
  How old is Ma Dalton?
- La taille : ***How tall… ?***
  How tall is Lucky Luke?
- La fréquence : ***How often… ?***
  How often do you go swimming?
- Combien : ***How much/many… ?***
  How much milk do you drink?
- À qui appartient… : ***Whose… ?***
  Whose horse is it?
  It's Lucky Luke's horse.

1. ***He comes from New York.***

……………………………………………………?

2. ***She lives in Chicago.***

……………………………………………………?

3. ***Ma Dalton is cooking.***

……………………………………………………?

4. ***He visits his uncle on Sundays.***

……………………………………………………?

5. ***I bake apple pies every Sunday.***

……………………………………………………?

4

Pose la question se rapportant à la partie soulignée. Pour les questions avec ***who***, on n'a pas besoin d'auxiliaire si la question porte sur le sujet, mais l'auxiliaire est **indispensable** si la question porte sur le complément (regarde les légendes des deux images).

1. ***The train leaves at 8 o'clock.***

……………………………………………………?

2. ***I'm eleven.***

……………………………………………………?

3. ***Billy the Kid loves sweets.***

……………………………………………………?

4. ***It's Lucky Luke's hat.***

……………………………………………………?

5. ***I'm 1,38 m.***

……………………………………………………?

6. ***Averell gets up at 9 o'clock.***

……………………………………………………?

6. ***Joe Dalton hates Rin Tin Can.***

……………………………………………………?

Lulu loves Joe.
→ Who does Lulu love?

Rin Tin Can loves bones.
→ Who loves bones?

Who's the most intelligent?

Parce qu'il est l'aîné, Joe pense qu'il est le plus intelligent.

Joe is smaller than Jack.
Jack is smaller than William.
William is smaller than Averell.

1

Pour comparer deux éléments, on ajoute ***er*** aux adjectifs courts (deux syllabes maximum), on emploie ***more .... than*** pour les adjectifs longs. Compare les Dalton à l'aide des deux adjectifs ci-dessous.

1. *tall*

Averell ....

William ....

Jack ....

2. *old*

Joe ....

Jack ....

William ....

2

Compare ces personnages à l'aide des cinq adjectifs ci-dessous :

> Attention aux adjectifs se terminant par ***y*** :
> ***y → ier*** et ***iest***
> ***easy → easier → the easiest***.
> Attention aussi à ***good*** et ***bad*** qui sont irréguliers :
> ***good → I'm better than you at sport! I'm the best!***
> ***bad → You're worse than me at sport! You're the worst!***

1. *serious/Lucky Luke/Billy the Kid*

Lucky Luke is ....

2. *lazy/Rin Tin Can/Jolly Jumper*

Rin Tin Can is..

3. *fast/Jolly Jumper/Rin Tin Can*

Jolly Jumper is ....

4. *intelligent/Joe/Averell*

Joe is ....

5. *messy/Jack/William*

Jack is ....

3

Calamity Jane est aussi jolie qu'un mannequin !
C'est ainsi que l'on compare deux éléments équivalents.
Joe a commencé un poème pour Lulu Carabine.
Aide-le à le terminer.

She's as pretty as a model!

- ***athletic:*** musclé
- ***bright:*** brillant, intelligent
- ***fast:*** rapide
- ***lazy:*** fainéant
- ***messy:*** désordonné
- ***round:*** rond
- ***sea:*** mer
- ***sun:*** soleil

Your eyes are (blue/the sea):
as blue as the sea.

1. ***Your lips are (red/roses):***

....

2. ***Your cheeks are (round/apples):***

....

3. ***Your hair is (bright/the sun):***

....

4

Ran Tan Plan pense qu'il est le chien le plus intelligent du monde !
On emploie ***the ....est***, pour les adjectifs courts, ***the most ....*** pour les adjectifs longs.
Il rêve aussi d'être le plus :

1. ***tall***

I'm ....

2. ***rich***

I'm ....

3. ***athletic***

I'm ....

4. ***beautiful***

I'm ....

What a stupid dog!

Ran Tan Plan suscite toutes sortes d'exclamations ! Il est tellement stupide !

1

Pour exprimer la surprise, l'admiration ou le dépit, on place ***so*** devant l'adjectif. Les textes des bulles ont été intervertis. Écris les bonnes phrases sous chaque image.

....

- ***crazy:*** fou
- ***quiet:*** calme
- ***rich:*** riche
- ***strong:*** fort
- ***ugly:*** laid

....

....

....

2

Observe bien les phrases ci-dessus, tu peux en déduire que :

1. *This* (ce, cet/cette) se place devant un nom :
❑ au singulier ❑ au pluriel

2. *These* (ces) se place devant un nom :
❑ au singulier ❑ au pluriel

This et ***these*** sont des adjectifs démonstratifs que l'on emploie pour désigner une chose ou une personne proche de soi.
That et ***those*** s'emploient pour désigner une chose ou une personne éloignée : ***that shop over there*** (ce magasin, là-bas).
In those days… (en ce temps-là).

3

Que disent ces personnages ? Écris le texte correspondant dans chaque bulle.

Voici comment se construisent les phrases exclamatives.
- ***How*** + adjectif + sujet + verbe
  → ***How beautiful you are!***
- ***What*** + ***a/an*** + adjectif + nom au singulier
  → ***What a stupid dog!***
- ***What*** + adjectif + nom au pluriel
  → ***What stupid dogs!***

1. ***What a good night!***
2. ***How happy I am!***
3. ***How rich we are!***
4. ***What a sad life!***

4

Remets ces phrases dans l'ordre. N'oublie ni les majuscules ni la ponctuation.

1. ***a/clever/what/man:*** ....
2. ***messy/how/are/you:*** ....
3. ***is/beautiful/how/she:*** ....
4. ***a/crazy/man/what:*** ....

5

Avec les mots de ces trois colonnes, on peut composer seize phrases grammaticalement correctes. Mais comme on ne peut pas être à la fois stupide et intelligent, on ne peut rédiger que huit phrases sensées.

What a	***beautiful***	***Calamity is!***
What	***ugly***	***gangster!***
How	***stupid***	***boys!***
	intelligent	***I am!***

1. ....
2. ....
3. ....
4. ....
5. ....
6. ....
7. ....
8. ....

Can you swim?

Can exprime la capacité à faire quelque chose. Pour demander à quelqu'un s'il sait faire quelque chose, on dit : Can you… ?

1

Parmi ces cinq personnages, sauras-tu démasquer les menteurs ? Entoure leurs noms.

Mr Boston

A. Dalton

Waldo

Pr Frankenbaum

Jenny

Jane

2

Il faut interroger à nouveau ces cinq personnages. Écris les questions qu'on doit leur poser et les bonnes réponses.

Mr Boston: Can you drive? No, I can't.

1. *A. Dalton:* ....
2. *Waldo:* ....
3. *Pr Frankenbaum:* ....
4. *Jenny:* ....
5. *Jane:* ....

3 Can exprime aussi la possibilité.

Écris dans chaque bulle la lettre qui correspond à la bonne phrase.

A : ***No, I can't.***
B : ***Can you see me?***
C : ***Can you read this?***
D : ***Yes, I can.***
E : ***Can you hear me?***

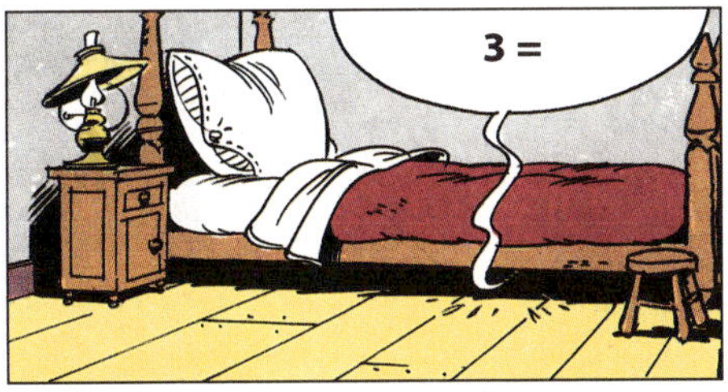

4 Can exprime également la permission.

Remets les mots des dessins ci-dessous dans le bon ordre. Attention aux majuscules et à la ponctuation.

1. ....!

2. ....!

3. ....?

5

Repère les différents sens de ***can*** dans les phrases ci-contre. Souligne ***can*** quand il exprime la capacité, entoure-le quand il exprime la possibilité et barre-le quand il exprime la permission.

Rin Tin Can can't swim.

1. ***The Daltons are in prison. They can't go out.***
2. ***He can play the guitar but he can't play the piano.***
3. ***She's upstairs, she can't hear you.***
4. ***Can I take your car?***

You must listen to me!

Ma Dalton tient à ce que ses fils lui obéissent.

1

Pour exprimer l'obligation ou la contrainte, on emploie ***must*** (placé avant le verbe), et pour l'interdiction, ***mustn't***. Écris les phrases sous les images correspondantes.

1. *You mustn't say bad words.*
2. *You must eat your soup!*
3. *You mustn't rob the bank!*
4. *You must lie down!*

- ***annoy:*** embêter
- ***bad words:*** gros mots
- ***cut the grass:*** tondre la pelouse
- ***fight:*** se battre
- ***lie down:*** se coucher
- ***say:*** dire
- ***window:*** fenêtre

A

....

B

....

C

....

D

....

2

Ces phrases sont dans le désordre. Réécris-les sans oublier les majuscules et la ponctuation.

1. *go out/he/mustn't*

....

2. *to/go/prison/Billy the Kid/must*

....

3. *must/Joe/Ma Dalton/listen to*

....

3

Les Dalton sont en prison une fois de plus ! Dresse la liste de tout ce qu'ils n'ont pas le droit de faire en utilisant les verbes : ***fight/go out/have a gun/annoy Rin Tin Can.***

1. ***You*** ....

2. ***You*** ....

3. ***You*** ....

4. ***You*** ....

4

À la place de ***must***, on peut utiliser ***have to*** pour exprimer la contrainte et ***don't have to*** pour l'absence de contrainte.
Parmi les activités suivantes, dis ce que tu dois faire et ce que tu n'es pas obligé de faire.

I don't have to cut the grass.

1. ***I*** .... ***tidy my room.***

2. ***I*** .... ***cook.***

3. ***I*** .... ***clean the windows.***

4. ***I*** .... ***feed the dog.***

5

Combien y a-t-il d'interdictions, d'obligations et d'autorisations dans ce serpent de lettres ?

SHEMUSTCOOKTHEDINNERIHAVETOCUTTHEGRASSYOUCANWATCHTVTHEYMUSTEATTHEIRMEATYOUMUSTN'TDRINKTOOMUCHORANGEJUICESHECAN'TGOOUT

Interdiction(s) : .... **Obligation(s) :** .... **Autorisation(s) :** ....

Do you want to dance?

Voici encore des ordres mais aussi des demandes polies.

1

L'impératif sert à donner un ordre : verbe sans pronom personnel ➜ ***Listen!*** On le met à la forme négative en ajoutant ***don't*** avant le verbe ➜ ***Don't fight!*** Ces personnages disent le contraire de ce qu'ils devraient dire. Écris sous chaque image la phrase qu'ils devraient prononcer.

....

....

....

....

....

....

2

Averell donne des ordres à Ran Tan Plan, mais ses mots se sont mélangés. Remets-les dans l'ordre sans oublier les majuscules et la ponctuation.

1. ***annoy/cat/don't/the*** ....
2. ***bones/your/eat*** ....
3. ***out/go/don't*** ....
4. ***Dalton/to/obey/Ma*** ....

3

Pour demander quelque chose poliment à quelqu'un, on utilise : ***Do you want to…*** + verbe à l'infinitif ou ***Would you like to…*** + verbe à l'infinitif. Qui dit quoi ? Écris la bonne question sur chaque image.

1. ***Do you want to be the sheriff?***
2. ***Would you like to dance?***
3. ***Would you like a cup of tea?***
4. ***Do you want to play cards?***

4

Voici comment on répond à des demandes polies. Maintenant, écris sous chaque image les questions et les réponses des personnages.

....

....

....

....

....

....

It's going to rain!

Que va-t-il se passer ?

1

Pour parler de ce qui va se passer, on emploie l'expression ***be going to*** qui se place devant un verbe. Dans les phrases suivantes, complète avec la bonne forme de ***be***.

1. ***Billy the Kid .... going to rob the bank.***
2. ***Joe and Averell .... going to fight.***
3. ***Lucky Luke: "I .... going to put the Daltons in prison".***
4. ***You .... going to listen to me.***
5. ***It's cloudy, it .... going to rain.***

> ***I am going to***
> ***You are going to***
> ***He, she, it is going to***
> ***We are going to***
> ***You are going to***
> ***They are going to***

2

Tous les mots ont été mélangés : remets les phrases dans l'ordre sans oublier les majuscules et la ponctuation.

1. ***sleep/is/Rin Tin Can/to/going***

   ....

2. ***Joe Dalton/to/are/Lulu Carabine/marry/going/and***

   ....

3. ***the/I/to/sheriff/am/call/going***

   ....

> - ***call:*** appeler
> - ***cloudy:*** nuageux
> - ***fall:*** tomber
> - ***feed:*** nourrir
> - ***knit:*** tricoter
> - ***marry:*** se marier
> - ***rain:*** pleuvoir
> - ***sleep:*** dormir
>
> Attention, le verbe ***marry*** se construit sans préposition.
> Il s'est marié avec ma sœur → ***He married my sister.***

3

Ma Dalton demande à Joe et à Averell d'effectuer les six activités suivantes pendant son absence.

JOE

do the washing

paint the house

knit a pullover

AVERELL

tidy the house

feed the dog

read a book

Écris six phrases pour expliquer ce que chacun va faire. N'oublie pas de conjuguer ***be***.

1. *Joe* ....

2. *Joe* ....

3. *Joe* ....

4. *Averell* ....

5. *Averell* ....

6. *Averell* ....

4

Joe et Averell vont donc passer à l'action. Écris sous chacune de ces images le numéro de la phrase ci-dessus qui lui correspond.

....

....

....

5

Pour parler du futur, on emploie aussi ***will*** (qui est invariable et placé avant le verbe) ; on l'utilise pour évoquer des projets, faire des prévisions ou des prédictions. On l'emploie notamment pour donner les prévisions météorologiques.

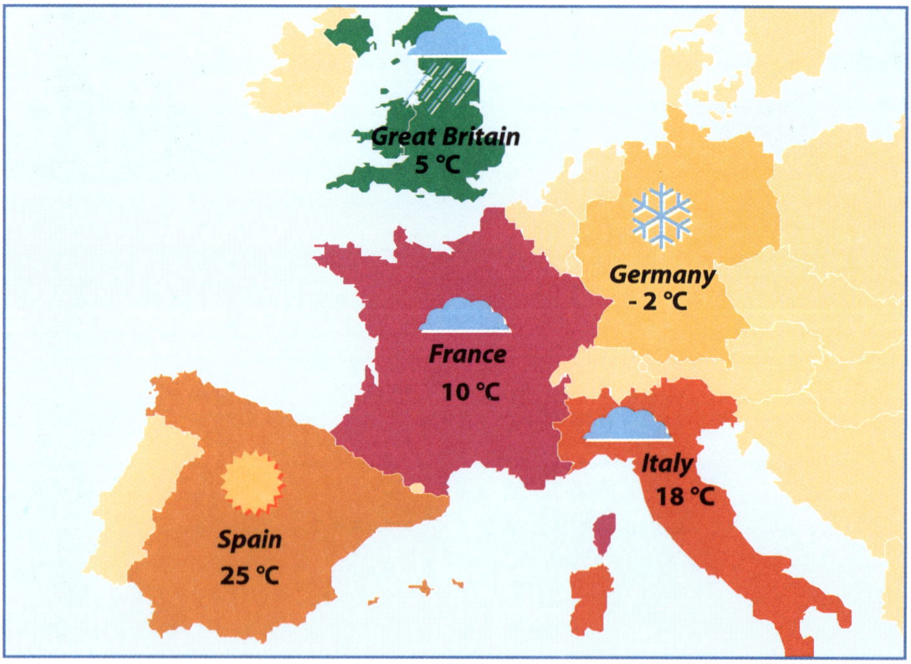

Voici la météo de demain. À partir des indications qui figurent sur la carte, décris le temps qu'il fera dans les pays suivants :

In France, it will be rainy and cool.

1. In Spain, ...

2. In Germany, ...

3. In Italy, ...

4. In Great Britain, ...

6

On avait prédit à Buffalo Bill qu'il serait un cow-boy célèbre.
Relie les quatre prédictions aux personnages concernés.

You will be a famous cowboy.

- You will be an acrobat.
- You will be a clown.
- You will be an explorator.
- You will be a reporter.

7

Les prédictions se réalisent parfois… mais pas toujours !
Coche la bonne réponse.

She will be a great actress.
❑ Yes ❑ No

She will be an excellent pianist.
❑ Yes ❑ No

She will be a school teacher.
❑ Yes ❑ No

He will be a good cook.
❑ Yes ❑ No

It was a nice town before...

Et si nous parlions un peu du passé ?

Abraham Lincoln

1

Quand on veut parler de faits ou d'événements qui appartiennent au passé, on met le verbe au prétérit : ***Abraham Lincoln was born in 1809 ; he was President of the United States in 1860. He died in 1865.*** Complète les phrases avec ***was*** ou ***were***.

1. ***Last night, Lucky Luke .... at home with Jenny.***
2. ***Yesterday, the Daltons .... in prison.***
3. ***Ma Dalton: "Yesterday, I .... at the bank."***
4. ***Billy the Kid .... in the saloon last night.***

2

Décris ce qu'était cette ville avant d'être abandonnée. Utilise les expressions ***there was*** + nom au singulier et ***there were*** + nom au pluriel (il y avait) et les éléments qui figurent sur l'image.

1. ....

2. ....

3. ....

4. ....

5. ....

- ***before:*** avant
- ***born:*** né
- ***die:*** mourir
- ***general store:*** grand magasin
- ***last week:*** la semaine dernière
- ***last year:*** l'an dernier
- ***yesterday:*** hier

3

La terminaison ***ed*** est la marque du prétérit pour les verbes réguliers. Souligne le seul verbe régulier du texte ci-dessous.

Yesterday, the Daltons escaped from prison. They broke through the wall, and stole four horses.

Les deux autres verbes sont donc irréguliers, il faut apprendre leurs formes par cœur. Regarde la page suivante.

be au prétérit

I was
You were
He, she, it was
We were
You were
They were

Le prétérit est souvent accompagné de mots comme ***yesterday, last week, last…***

4

Relie les textes aux images correspondantes.

He liked playing with guns.

He was a bad pupil.

He prepared a special soup.

He was a good photographer.

5

Écris deux textes au prétérit
sur les personnages ci-dessous.

Rin Tin Can: be a good dog/like bones/sleep all day
Joe Dalton: rob many banks/hate Rin Tin Can/always escape

1. ....

....

2. ....

....

Quelques verbes irréguliers

INFINITIF	PRÉTÉRIT
break (casser)	***broke***
buy (acheter)	***bought***
catch (attraper)	***caught***
fight (se battre)	***fought***
go (aller)	***went***
make (faire)	***made***
meet (rencontrer)	***met***
run off (s'enfuir)	***ran off***
sleep (dormir)	***slept***
steal (voler)	***stole***
take (prendre)	***took***
tell (dire)	***told***

6

Averell écrit à sa mère, mais il ne sait pas conjuguer les verbes. Aide-le.

Dear mummy,

1. We (be) .... in prison again. 2. Last week we (rob) .... a bank, we (steal) .... four horses and (run off) .... to Canada. 3. But we (meet) .... Canadian policemen who (tell) .... Lucky Luke we (be) .... there.

4. When he (arrive) .... , he (catch) .... us and (take) .... us back to prison.

With love, Averell.

Ma Dalton répond à Averell. Traduis sa lettre.

5. Hier, je suis allée à Dalton City :

....

6. J'ai acheté des pommes :

....

7. J'ai fait des gâteaux :

....

8. J'étais très fatiguée :

....

9. J'ai dormi dans le salon :

....

10. Le chat a volé un poulet :

....

7

Calamity Jane raconte sa jeunesse à Lucky Luke.
Regarde bien les images pour compléter ce qu'elle dit.

When I .... young, I .... a nice little girl. I .... playing with cows and I often .... with the little boys. I .... a cowboy. I .... my husband's gun.

8

Maintenant, peux-tu reconnaître les deux personnages dont on parle ?

She was born in Texas. She was tall and her hair was red. She was very courageous. She met Lucky Luke and they became good friends.

1. ....

She was a small woman. Her four sons were outlaws. She loved her cat. She hated Luky Lucke.

2. ....

Did they do it?

Mais que s'est-il donc passé ?

1

Pour poser une question au prétérit, on a besoin d'un auxiliaire, soit **be**: ***Was he a good dog?*** Soit **do**: ***Did he go to the saloon?*** Écris chacun de ces trois dialogues dans la bonne image.

1. ***Did you rob the bank?***
   Yes, I did.
2. ***Was this soup good?***
   Yes, it was excellent.
3. ***Did you fight?***
   Yes, I did.

2

Les mots de ces phrases se sont mélangés. Remets-les dans l'ordre sans oublier les majuscules et la ponctuation.

1. ***soup/like/you/did/the/?***

....

2. ***he/did/say/what/?***

....

3. ***four/did/horses/steal/Daltons/the/?***

....

4. ***buy/sweets/you/did/?***

....

- ***dirty:*** sale
- ***garden:*** jardiner
- ***jump:*** sauter
- ***lullaby:*** berceuse
- ***wash:*** (se) laver

3

Pour faire une phrase négative, on ajoute ***not*** après l'auxiliaire. ***Billy the Kid did not/didn't like lullabies! The Daltons were not/weren't good at maths.***
Mets les phrases suivantes à la forme négative.

Attention ! C'est l'auxiliaire qui porte la marque du prétérit pour la question et la négation.
He liked → He didn't like.
→ Did he like?

Billy the Kid didn't like lullabies.

1. ***Joe played cards with Averell.***

....

2. ***Lucky Luke jumped on Jolly Jumper's back.***

....

3. ***Jenny washed the revolver.***

....

4. ***The dog and the cat were good friends.***

....

4

Qu'as-tu fait le week-end dernier ? Pose les questions et écris les réponses à l'aide des cinq mots ou expressions ci-dessous.
stay at home/play videogames/visit a friend/go out/garden

buy sweets → Did you buy sweets? Yes, I bought sweets.

1. ....
2. ....
3. ....
4. ....
5. ....

5

Maintenant, dis ce que tu n'as pas fait à l'aide de ces cinq autres expressions.
go to the cinema/do my homework/read a book/watch TV/fight with my brother

play cards → I didn't play cards.

1. ....
2. ....
3. ....
4. ....
5. ....

It's terrible, isn't it?

Jenny a un chagrin terrible, n'est-ce pas ?

1

Pour confirmer une information, on emploie des « tags » : dans la phrase, c'est la partie qui suit la virgule. Observe bien les trois exemples suivants pour compléter la règle en cochant les bonnes cases.

Averell is stupid, <u>isn't he?</u>
The Daltons like banks, <u>don't they?</u>
Billy wasn't a good boy, <u>was he?</u>

1. **Un « tag » est ❑ toujours ❑ jamais interrogatif.**
2. **Quand la phrase est affirmative, le « tag » est ❑ affirmatif ❑ négatif.**
3. **Quand la phrase est négative, le « tag » est ❑ affirmatif ❑ négatif.**
4. **Le « tag » reprend ❑ toujours ❑ jamais l'auxiliaire de la phrase.**

2

Complète chacune de ces phrases avec le « tag » qui convient. Choisis-les dans la liste suivante.

can't he?
didn't they?
doesn't he?
is she?
do they?
did they?
aren't you?

1. ***You are happy,*** ....?
2. ***He can play the guitar,*** ....?
3. ***They didn't go to prison,*** ....?
4. ***Averell likes cooking,*** ....?

- ***afraid (to be):*** avoir peur
- ***look:*** regarder, avoir l'air

3

Écris la phrase qui convient sous chaque image.

He wasn't afraid, was he?
He's the champion, isn't he?
They look cold, don't they?

A

....
....

B

....
....

C

....
....

4

Complète ces phrases avec un « tag ».

1. ***Jenny was happy,*** ....**?**
2. ***You didn't go to Dalton City,*** ....**?**
3. ***It's a beautiful day,*** ....**?**
4. ***They can't speak English,*** ....**?**

5

Averell n'a retenu que la fin de la phrase et le « tag ». Aide-le à reconstituer le début avec les quatre verbes suivants : ***swim, steal, cook, like.***

1. .... ***football, does she?***
2. .... ***a nice cake, didn't they?***
3. .... ***can't you?***
4. .... ***the sweets, did you?***

He's a gangster who robs banks.

Voici deux façons de parler de Billy the Kid.

1

Regarde bien l'image ci-dessus. À partir de deux phrases simples, nous avons construit une seule phrase en utilisant le pronom relatif ***who*** (qui). Utilise ce pronom pour transformer les phrases suivantes :

1. ***Billy the Kid is a young boy; he likes guns.***

   ....

2. ***Lucky Luke is a cowboy; he fights against the Daltons.***

   ....

3. ***Jenny is a nice girl; she loves Lucky Luke.***

   ....

4. ***Rin Tin Can is a stupid dog; he loves gangsters.***

   ....

2

Observe les phrases que tu viens d'écrire et les deux phrases de l'image ci-contre. Complète la règle suivante :

1. **Le pronom relatif « qui » se traduit par .... quand le nom qu'il reprend est une personne *(Billy the Kid)*.**
2. **Le pronom relatif « qui » se traduit par .... quand le nom qu'il reprend est une chose, un objet ou un événement *(questions)*.**

3

Choisis entre ***who*** et ***which*** pour compléter les phrases suivantes.

1. ***A gangster is a person .... steals money.***
2. ***Ma Dalton lives in a house .... is very old.***
3. ***Lucky Luke arrived in a town .... was deserted.***
4. ***I've got a friend .... is very intelligent.***

4

Le pronom relatif ***whose*** (dont) établit un lien de possession. Remets les phrases ci-dessous dans le bon ordre. Attention aux majuscules et à la ponctuation.

She is the woman; her four sons are in prison.

1. ***is/Lucky Luke/horse/Jolly Jumper/a cowboy/is/whose***

....

2. ***a bad cook/whose/is/Calamity Jane/are/cakes/terrible***

....

Attention, ***whose*** est toujours suivi d'un nom sans article.

5

Relie un élément de chacune des trois colonnes pour construire cinq phrases complexes.

1	***Give me the gun***	***whose***	***shoots faster than his shadow.***
2	***He entered the saloon***	***which***	***did it.***
3	***Tell me***	***who***	***name is Billy the Kid?***
4	***I know a man***	***which***	***is under the bar.***
5	***Do you know the boy***	***who***	***is opposite the bank.***

Closed on Sunday...

Voici les mots utiles pour se situer dans le temps.

At se place devant les heures ***(at eight o'clock)*** et les fêtes ***(at Christmas)***.
From... to... (de... à...) se place devant les heures ***(from 8 to 10)***, les jours, les mois, les années ***(from Monday to Friday, from 1992 to 1995)***.
In se place devant les mois, les saisons, les années ***(in June, in winter, in 1995)*** et les moments de la journée ***(in the morning)***. Attention ***night*** fait exception, on dit : ***at night***.
On se place devant les jours ***(on Monday)*** et les dates ***(on July 14th)***.

1

Complète le tableau en classant chaque élément ci-dessous dans la bonne colonne.

December/Christmas/summer/ September 3rd/the evening/ 2 : 00/Wednesday/ Monday morning/night.

on	at	in

2

Complète les phrases avec ***at***, ***on***, ***in***, ou ***from... to***.

1. ***The bank opens .... 9 o'clock.***
2. ***Joe Dalton was born .... January.***
3. ***The Daltons are in prison .... March .... July.***
4. ***............ Sunday, the bank is closed.***
5. ***This town is very cold .... winter.***

3

Grâce au code ci-dessous, découvre deux autres mots qui te permettront de dire si ces quatre affirmations sont vraies ou fausses.

● = E ■ = F ▲ = R

après ↓ (vertical) — avant → (horizontal)

		A			
B	●	■	O	▲	●
		T			
		●			
		▲			

1. ***I go to bed before dinner.*** ❑ Vrai ❑ Faux
2. ***I get up before breakfast.*** ❑ Vrai ❑ Faux
3. ***I go to school after breakfast.*** ❑ Vrai ❑ Faux
4. ***I have lunch after dinner.*** ❑ Vrai ❑ Faux

4

Retrouve dans la grille ci-dessous la suite des six phrases (verticales et horizontales).

D	K	Z	A	B	N	H	I	O	J	F	D	C	S	M	O	I	D	N	E
B	X	Q	E	U	I	O	V	G	I	R	Y	T	O	P	M	H	U	A	S
M	F	D	H	J	G	U	O	F	B	A	I	S	Q	A	L	A	R	T	O
G	Q	V	G	A	O	Y	B	N	I	L	M	N	Z	A	W	V	P	T	C
I	V	I	S	I	T	M	Y	G	R	A	N	D	P	A	R	E	N	T	S
O	R	J	Q	S	O	N	P	B	T	F	K	J	N	B	L	A	O	B	C
I	L	I	K	E	S	W	I	M	M	I	N	G	E	R	F	B	N	P	T
A	Z	F	T	R	C	I	P	L	A	Y	F	O	O	T	B	A	L	L	F
O	J	E	F	P	H	F	E	I	Z	E	U	Q	E	A	H	T	I	L	P
J	I	G	O	T	O	B	E	D	O	P	G	Z	N	P	J	H	C	I	T
A	H	N	B	C	O	G	D	L	Z	A	C	N	U	Q	D	R	G	H	B
U	S	Z	O	D	L	U	Q	B	G	O	F	W	O	L	U	W	F	Q	E

1. ***At Christmas,*** ....
2. ***In summer,*** ....
3. ***Before I dress,*** ....
4. ***On Saturday,*** ....
5. ***From 8 to 5,*** ....
6. ***After dinner,*** ....

Le jeu du shérif

Pour devenir le shérif de Dalton City, tu dois répondre aux questions des vingt cases.
Les bonnes réponses te feront gagner des étoiles.

1 Comment dis-tu en anglais :

1. Je suis un animal : ....
2. Je suis un pauvre animal : ....
3. Je suis le chien qui aime les os : ....
4. Ma mère est dentiste : ....
5. Mon oncle est acteur : ....

2 Vrai ou faux ?

1. Équipe se dit *team*. ☐ Vrai ☐ Faux
2. Arbitre se dit *whistle*. ☐ Vrai ☐ Faux
3. *Climbing* signifie natation. ☐ Vrai ☐ Faux

3 Remets ces phrases dans l'ordre.

1. *the/does/Ma Dalton/cooking/often*

   ....

2. *Joe/his/tidies/bedroom/never*

   ....

3. *I/tennis/play/week/a/once*

   ....

4. *to/I/go/four/a/London/year/times*

   ....

5. *sometimes/television/watches/she*

   ....

6. *play/Saturdays/on/I/football*

   ....

4 Coche la bonne case.

1. *I'm 1,75 m, he's smaller than me:*
   he's 1,80 m ☐
   he's 1,65 m ☐

2. *I weigh fifty-five kilos, she's fatter than me:*
   she weighs fifty-six kilos ☐
   she weighs fifty-four kilos ☐

5 *Much ou many?*

1. *There is too .... noise here!*
2. *There are too .... people!*
3. *There are .... cows here!*

6 Pose la question sur la partie soulignée.

1. *It is Lucky Luke's horse.*

....

2. *The Daltons live in Dalton City.*

....

3. *Calamity Jane bakes cakes on Fridays.*

....

4. *Billy the Kid is fourteen.*

....

6. *Rin Tin Can loves bones.*

....

7 Compare :

1. *Jack/William/lazy:*

Jack is ....

2. *Jenny/Mary/beautiful:*

Jenny is ....

3. *Jolly Jumper/Rin Tin Can/bright:*

Jolly Jumper is ....

8 Coche la (les) bonne(s) case(s). *"How happy I am!"* signifie :

1. Que je suis heureux ! ☐
2. Comment suis-je heureux ? ☐
3. Comme je suis heureux ! ☐

9 Comment dis-tu :

1. Je ne sais pas conduire, mais je sais nager :

I .... *but I*

....

2. Il sait parler anglais, mais il ne sait pas parler allemand :

He .... *but he*

....

3. Elle peut m'entendre, mais elle ne peut pas me voir :

She .... *but she*

....

4. Ils savent écrire, mais ils ne savent pas lire :

They .... *but they*

....

10 Mets ces phrases au pluriel.

1. *This dog is stupid.* ....
2. *That woman is tall.* ....

11 Complète ces phrases pour dire ce que tu dois faire ou pas.

1. *It's raining, you .... go out.*

2. *There is too many mistakes in your letter,*

you .... write it again.

3. *Your hands are dirty, you .... clean them.*

12 Transforme ces ordres en demandes polies.

1. *Sing!*

....

2. *Drink tea!*

....

3. *Play football!*

....

4. *Go out!*

....

13 Comment dis-tu :

1. Il va neiger : ....

2. L'arbre va tomber : ....

14 Mets ces phrases au prétérit.

1. *Lucky Luke arrives in a deserted town.*

....

2. *Rin Tin Can eats a lot of bones.*

....

3. *Calamity Jane meets Lucky Luke in the saloon.*

....

4. *Ma Dalton makes very good cakes.*

....

15 Complète avec *did/was/were*.

1. *When he .... a little boy, Billy the Kid played with guns.*

2. *........ the Daltons rob a bank?*

3. *Last year the Daltons .... in prison.*

4. *Jenny .... not a very good cook.*

5. *........ Billy the Kid a bad pupil?*

16 Associe chacun de ces quatre personnages à la bonne définition.

1. *He was very nice but very stupid.*

2. *He was very intelligent and fast.*

3. *He was stupid and always hungry.*

4. *He thought he was very intelligent and he was always angry.*

17 Complète par un « tag ».

Rin Tin Can loves bones, ... ?

You can speak English, ... ?

Jolly Jumper is very intelligent, ... ?

Joe Dalton isn't tall, ... ?

They are happy, ... ?

18 *Who ou which?*

1. *They arrived in a town .... was very nice.*
2. *Joe is the little man .... is always angry.*
3. *Sarah Bernhardt is the actress .... comes from France.*
4. *The saloon is the house .... is next to the bank.*

19 Remets ces questions dans l'ordre et donne les réponses.

1. *horse/Jolly/whose/is/Jumper/?*

.... ?

....

2. *son/Averell/is/whose/?*

.... ?

....

20 Tu écris à ton correspondant anglais pour lui parler de toi.

1. *I was born .... July.*
2. *I go to school .... half past eight .... half past four.*
3. *........ I do my homework.*
4. *........ Wednesday afternoons, I play with my friends.*
5. *........ winter I go skiing with my parents.*

Vérifie tes réponses page 46 et entoure une étoile chaque fois que tu as bien répondu à toutes les questions de la case. Compte tes étoiles.

✔ **Moins de 9 :** Voilà ce qui va t'arriver. Regarde à nouveau dans les pages précédentes, toutes les réponses aux questions s'y trouvent.

✔ **De 10 à 15 :** Ça n'est pas mal, mais Ran Tan Plan a fait aussi bien ! Retourne en arrière et applique-toi !

✔ **De 16 à 19 :** C'est bien, tu as appris plein de choses !

✔ **20 :** Bravo, tu es élu shérif de Dalton City.

Solutions

pages 2-3

1 A = I'm a waiter. B = I'm a painter. C = I'm an actress. D = I'm a banker.

2 A = 2. B = 4. C = 3. D = 1.

3 Lucky Luke = 1. I like justice. 3. I have got a horse. 7. I don't like outlaws. 8. I'm a famous cowboy. Joe Dalton = 2. I love dollars. 4. I love mummy. 5. I need a bank. 6. I hate the sheriff.

4 1. Rin Tin Can is a good dog. 2. Joe, have you got ø courage? 3. Averell doesn't like ø flowers. 4. Jolly Jumper is a clever horse. 5. I want to be a doctor. 6. Rin Tin Can: "I love ø bones". 7. She wants to be an actress.

5 1 = Money doesn't make happiness. 2 = Time is money.

pages 4-5-6-7

1 A = swimming. B = baseball. C = cycling. D = climbing. E = riding. F = fencing.

2 1 = faire du sport. 2 = terrain de sport. 3 = un sportif. 4 = une sportive. 5 = sportif. 6 = être bon en sport.

5 2 = I'm 1,22 m. I'm one metre twenty-two. 3 = I'm 1,60 m. I'm one metre sixty. 4 = I'm 1,80 m. I'm one metre eighty.

6 A = I weigh twenty kilos. B = I weigh sixty kilos. C = I weigh half a kilo.

7 L'intrus est : cooking.

8 1 = Vrai. 2 = Faux (il mesure de 90 à 120 m). 3 = Faux. 4 = Faux (il mesure 23,77m). 5 = Vrai. 6 = Faux (une équipe de football a 11 joueurs). 7= Vrai.

pages 8-9

1 2 = I do the washing-up on Monday, Tuesday, Wednesday, Thursday and Saturday. 3 = I watch television on Saturday. 4 = I play tennis on Sunday and Wednesday.

2 2 = I do the washing-up five times a week. 3 = I watch television once a week. 4 = I play tennis twice a week.

3 1 = How often does he look for the Daltons? He always looks for the Daltons. 2 = How often does he play with the Daltons? He never plays with the Daltons. 3 = How often does he go swimming? He sometimes goes swimming.

4 Billy the Kid = 1. Lucky Luke = 5. Ma Dalton = 3. The Daltons = 4. Rin Tin Can = 2.

pages 10-11

1 A = There are too many enemies. B = There is too much wind. C = There are too many mistakes.

2 A = There aren't many people! Are there many people? B = There are many things to wash. Are there many things to wash? C = I haven't got much courage. Have you got much courage?

3 1 = Have you got any dollars? No, we haven't got any (dollars). 2 = Have you got any rules? No, we have got no rules. 3 = Have you got some courage? Yes, we have got some (courage). 4 = Have you got any friends? No, we haven't got any (friends). 5 = Have you got any regrets? No, we have got no regrets.

4 1 = D. 2 = B. 3 = C. 4 = A.

pages 12-13

1 A = Who. B = What. C = Where. D = When. E = How.

2 A = 1. What's there for dinner? 4. There's some chicken. B = 3. Who is this man? 8. He's Lucky Luke. C = 5. When does he come? 2. He comes on Sundays. D = 7. Where is she? 6. She's in the kitchen.

3 1 = Where does he come from? 2 = Where does she live? 3 = What is Ma Dalton doing? 4 = When does he visit his uncle? 5 = What do you bake every Sunday?

4 1 = When does the train leave? 2 = How old are you? 3 = Who loves sweets? 4 = Whose hat is it? 5 = How tall are you? 6 = When does Averell get up? 7 = Who does Joe Dalton hate?

pages 14-15

1 1 = Averell is taller than William. William is taller than Jack. Jack is taller than Joe. 2 = Joe is older than Jack. Jack is older than William. William is older than Averell.

2 1 = Lucky Luke is more serious than Billy the Kid. 2 = Rin Tin Can is lazier than Jolly Jumper. 3 = Jolly Jumper is faster than Rin Tin Can. 4 = Joe is more intelligent than Averell. 5 = Jack is messier than William.

3 1 = Your lips are as red as roses. 2 = Your cheeks are as round as apples. 3 = Your hair is as bright as the sun.

4 1 = I'm the tallest dog in the world. 2 = I'm the richest dog in the world. 3 = I'm the most athletic dog in the world. 4 = I'm the most beautiful dog in the world.

pages 16-17

1 A = This man is so stupid! B = This woman is so strong! C = These pets are so crazy! D = This street is so quiet!

2 1 = This se place devant un nom au singulier. 2 = These se place devant un nom au pluriel.

3 A = How rich we are! B = What a good night! C = What a sad life! D = How happy I am!

4 1 = What a clever man! 2 = How messy you are! 3 = How beautiful she is! 4 = What a crazy man!

5 *1 = How beautiful Calamity is! 2 = How intelligent Calamity is! 3 = What a stupid gangster! 4 = What an ugly gangster! 5 = What stupid boys! 6 = What ugly boys! 7 = How intelligent I am! 8 = How beautiful I am!*

pages 18-19

1 Les menteurs sont Mr Boston, A. Dalton, Jenny et Jane.

2 *1 = Can you knit? Yes, I can. 2 = Can you speak English? Yes, I can. 3 = Can you ride? No, I can't. 4 = Can you cook? No, I can't. 5 = Can you play the piano? No, I can't.*

3 1 = E. 2 = A. 3 = B. 4 = C. 5 = D.

4 *1 = You can eat sweets! 2 = You can't take that! 3 = Can I come in?*

5 *1= The Daltons are in prison. They ~~can't~~ go out. 2 = He can play the guitar but he can't play the piano. 3 = She's upstairs, she can't hear you. 4 = ~~Can~~ I take your car?*

pages 20-21

1 *A = You must eat your soup. B = You must lie down. C = You mustn't say bad words. D = You mustn't rob the bank.*

2 *1 = He mustn't go out. 2 = Billy the Kid must go to prison. 3 = Joe must listen to Ma Dalton.*

3 *1 = You mustn't fight. 2 = You mustn't go out. 3 = You mustn't have a gun. 4 = You mustn't annoy Rin Tin Can.*

4 *1 = I have to tidy my room. 2 = I don't have to cook. 3 = I don't have to clean the windows. 4 = I have to feed the dog.*

5 Interdictions = 2. Obligations = 3. Autorisation = 1.

pages 22-23

1 *A = Don't touch this revolver! B = Call the sheriff! C = Give me the money! D = Dance! Sing! E = Listen to me! F = Don't move!*

2 *1 = Don't annoy the cat! 2 = Eat your bones! 3 = Don't go out! 4 = Obey to Ma Dalton!*

3 *A = Would you like to dance? B = Do you want to play cards? C = Would like a cup of tea? D = Do you want to be the sheriff?*

4 *A = Would you like some soup? No, thank you. B = Would you like cakes? Yes, please. C = Do you want some tea? No, thank you.*

pages 24-25-26-27

1 *1 = is. 2 = are. 3 = am. 4 = are. 5 = is.*

2 *1 = Rin Tin Can is going to sleep. 2 = Joe Dalton and Lulu Carabine are going to marry. 3 = I am going to call the sheriff.*

3 *1 = Joe is going to do the washing. 2 = Joe is going to paint the house. 3 = Joe is going to knit a pullover. 4 = Averell is going to tidy the house. 5 = Averell is going to feed the dog. 6 = Averell is going to read a book.*

4 A = 5. B = 4. C = 1.

5 *1 = In Spain, it will be sunny and hot. 2 = In Germany, it will be snowy and freezing. 3 = In Italy, it will be cloudy and warm. 4 = In Great Britain, it will be rainy and cold.*

6 *A = You will be a clown. B = You will be a reporter. C = You will be an acrobat. D = You will be an explorator.*

7 *A = Yes. B = No. C = Yes. D = No.*

pages 28-29-30-31

1 *1 = was. 2 = were. 3 = was. 4 = was.*

2 *1 = There were two hotels. 2 = There was one school. 3 = There was one general store. 4 = There were ten saloons. 5 = There were two banks.*

3 *Yesterday, the Daltons escaped from prison. They broke through the wall, and stole four horses.*

4 *A = He was a good photographer. B = He prepared a special soup. C = He liked playing with guns. D = He was a bad pupil.*

5 *1 = Rin Tin Can was a good dog. He liked bones. He slept all day. 2 = Joe Dalton robbed many banks. He hated Rin Tin Can. He always escaped.*

6 *1 = are. 2 = robbed, stole, ran off. 3 = met, told, were. 4 = arrived, caught, took.*

5 = Yesterday, I went to Dalton City. 6 = I bought apples. 7 = I baked cakes. 8 = I was very tired. 9 = I slept in the living room. 10 = The cat stole a chicken.

7 *was - was - loved - fought - married - cleaned.*

8 1 = Calamity Jane. 2 = Ma Dalton.

pages 32-33

1 A = 2. B = 3. C = 1.

2 *1 = Did you like the soup? 2 = What did he say? 3 = Did the Daltons steal four horses? 4 = Did you buy sweets?*

3 *1 = Joe didn't play cards with Averell. 2 = Lucky Luke didn't jump on Jolly Jumper's back. 3 = Jenny didn't wash the revolver. 4 = The dog and the cat weren't good friends.*

4 *1 = Did you stay at home? Yes, I stayed at home. 2 = Did you play videogames? Yes, I played videogames. 3 = Did you visit a friend? Yes, I visited a friend. 4 = Did you go out? Yes, I went out. 5 = Did you garden? Yes, I gardened.*

5 *1 = I didn't go to the cinema. 2 = I didn't do my homework. 3 = I didn't read a book. 4 = I didn't watch TV. 5 = I didn't fight with my brother.*

pages 34-35

1 1 = Un « tag » est toujours interrogatif.
2 = Quand la phrase est affirmative, le « tag » est négatif.
3 = Quand la phrase est négative, le « tag » est affirmatif.
4 = Le « tag » reprend toujours l'auxiliaire de la phrase.

2 1 = *You are happy, aren't you?* 2 = *He can play the guitar, can't he?* 3 = *They didn't go to prison, did they?* 4 = *Averell likes cooking, doesn't he?*

3 A = *They look cold, don't they?* B = *He's the champion, isn't he?* C = *He wasn't afraid, was he?*

4 1 = *Jenny was happy, wasn't she?* 2 = *You didn't go to Dalton City, did you?* 3 = *It's a beautiful day, isn't it?* 4 = *They can't speak English, can they?*

5 1 = *She doesn't like football, does she?* 2 = *They cooked a nice cake, didn't they?* 3 = *You can swim, can't you?* 4 = *You didn't steal the sweets, did you?*

pages 36-37

1 1 = *Billy the Kid is a young boy who likes guns.* 2 = *Lucky Luke is a cowboy who fights against the Daltons.* 3 = *Jenny is a nice girl who loves Lucky Luke.* 4 = *Rin Tin Can is a stupid dog who loves gangsters.*

2 1 = *who.* 2 = *which.*

3 1 = *who.* 2 = *which.* 3 = *which.* 4 = *who.*

4 1 = *Lucky Luke is a cowboy whose horse is Jolly Jumper.* 2 = *Calamity Jane is a bad cook whose cakes are terrible.*

5 1 = *Give me the gun which is under the bar.* 2 = *He entered the saloon which is opposite the bank.* 3 = *Tell me who did it.* 4 = *I know a man who shoots faster than his shadow.* 5 = *Do you know the boy whose name is Billy the Kid?*

pages 38-39

1 on = *September 3rd, Wednesday, Monday morning.* at = *Christmas, 2 : 00, night.* in = *December, summer, the evening.*

2 1 = *at 9 o'clock.* 2 = *in January.* 3 = *from March to July.* 4 = *On Sunday.* 5 = *in winter.*

3 avant = *before.* après = *after.* 1 = Faux. 2 = Vrai. 3 = Vrai. 4 = Faux.

4

D	K	Z	A	B	N	H	I	O	J	F	D	C	S	M	O	I	D	N	E
B	X	Q	E	U	I	O	V	G	I	R	Y	T	O	P	M	H	U	A	S
M	F	D	H	J	G	U	O	F	B	A	I	S	Q	A	L	A	R	T	O
G	Q	V	G	A	O	Y	B	N	I	L	M	N	Z	A	W	V	P	T	C
I	V	I	S	I	T	M	Y	G	R	A	N	D	P	A	R	E	N	T	S
O	R	J	Q	S	O	N	P	B	T	F	K	J	N	B	L	A	O	B	C
I	L	I	K	E	S	W	I	M	M	I	N	G	E	R	F	B	N	P	T
A	Z	F	T	R	C	I	P	L	A	Y	F	O	O	T	B	A	L	L	F
O	J	E	F	P	H	F	E	I	Z	E	U	Q	E	A	H	T	I	L	P
J	I	G	O	T	O	B	E	D	O	P	G	Z	N	P	J	H	C	I	T
A	H	N	B	C	O	G	D	L	Z	A	C	N	U	Q	D	R	G	H	B
U	S	Z	O	D	L	U	Q	B	G	O	F	W	O	L	U	W	F	Q	E

1 = *At Christmas, I visit my grandparents.* 2 = *In summer, I like swimming.* 3 = *Before I dress, I have a bath.* 4 = *On Saturday, I play football.* 5 = *From 8 to 5, I go to school.* 6 = *After dinner, I go to bed.*

pages 40-41-42-43

1 1 = *I'm an animal.* 2 = *I'm a poor animal.* 3 = *I'm the dog who loves bones.* 4 = *My mother is a dentist.* 5 = *My uncle is an actor.*

2 1 = Vrai. 2 = Faux. 3 = Faux.

3 1 = *Ma Dalton often does the cooking.* 2 = *Joe never tidies his bedroom.* 3 = *I play tennis once a week.* 4 = *I go to London four times a year.* 5 = *She sometimes watches television.* 6 = *I play football on Saturdays.*

4 1 = *he's 1,65 m.* 2 = *she weighs fifty-six kilos.*

5 1 = *much.* 2 = *many.* 3 = *many.*

6 1 = *Whose horse is it?* 2 = *Where do the Daltons live?* 3 = *When does Calamity Jane bake cakes?* 4 = *How old is Billy the Kid?* 5 = *What does Rin Tin Can love?*

7 1 = *Jack is lazier than William.* 2 = *Jenny is more beautiful than Mary.* 3 = *Jolly Jumper is brighter than Rin Tin Can.*

8 Deux réponses sont possibles : 1 et 3.

9 1 = *I can't drive but I can swim.* 2 = *He can speak English but he can't speak German.* 3 = *She can hear me but she can't see me.* 4 = *They can write but they can't read.*

10 1 = *These dogs are stupid.* 2 = *Those women are tall.*

11 1 = *mustn't.* 2 = *must.* 3 = *must.*

12 1 = *Can you sing, please?* 2 = *Would you like to drink tea?* 3 = *Do you want to play football?* 4 = *Do you want to go out?*

13 1 = *It's going to snow.* 2 = *The tree is going to fall.*

14 1 = *Lucky Luke arrived in a deserted town.* 2 = *Rin Tin Can ate a lot of bones.* 3 = *Calamity Jane met Lucky Luke in the saloon.* 4 = *Ma Dalton made very good cakes.*

15 1 = *was.* 2 = *Did.* 3 = *were.* 4 = *was.* 5 = *Was.*

16 A = 4. B = 1. C = 3. D = 2.

17 1 = *doesn't he.* 2 = *can't you.* 3 = *isn't it.* 4 = *is he.* 5 = *aren't they.*

18 1 = *which.* 2 = *who.* 3 = *who.* 4 = *which.*

19 1 = *Whose horse is Jolly Jumper? Jolly Jumper is Lucky Luke's horse.* 2 = *Whose son is Averell? Averell is Ma Dalton's son.*

20 1 = *I was born in July.* 2 = *I go to school from half past eight to half past four.* 3 = *After, I do my homework.* 4 = *On Wednesday afternoons, I play with my friends.* 5 = *In winter, I go skiing with my parents.*

Lexique

a

a lot: beaucoup
a/an: un(e)
acrobat: acrobate
actor: acteur
actress: actrice
afraid (be): avoir peur
after: après
against: contre
always: toujours
angry: en colère
animal: animal
annoy: embêter
apple: pomme
apple pie: tarte aux pommes
arrest: arrêter
arrive: arriver
athletic: musclé

b

bad: mauvais
bad word: gros mot
bake: cuire au four
bank: banque
banker: banquier(ière)
baseball: base-ball
be, was, were, been: être
beautiful: beau/belle
become, became, become: devenir
bedroom: chambre
before: avant
bite, bit, bitten: mordre
bone: os
book: livre
born: né
boy: garçon
break, broke, broken: casser
breakfast: petit déjeuner
bright: brillant, intelligent
British: britannique, Britannique
brother: frère
bruise (a): bleu (un)
bump: bosse
buy, bought, bought: acheter

c

cake: gâteau
call: appeler
can: pouvoir
car: voiture
cards: cartes
cat: chat
catch, caught, caught: attraper
champion: champion
cheek: joue
cheer: encourager
cheerleader: supporter
chicken: poulet
Christmas: Noël
clean: nettoyer
clever: intelligent
climbing: escalade
close: fermer
cloudy: nuageux
clown: clown
cold: froid
come, came, come: venir
cook: cuisinier
cool: doux
courage: courage
courageous: courageux
cow: vache
crazy: fou
cricket: cricket
crutche: béquille
cup: tasse
cut, cut, cut: couper
cut the grass: tondre la pelouse
cycling: cyclisme

d

dance: danser
day: jour
December: décembre
dentist: dentiste
deserted: désert(e)
die: mourir
dinner: dîner
dirty: sale
do the cooking: faire la cuisine
do the washing-up: faire la vaisselle
doctor: médecin
dog: chien
dress: s'habiller
drink, drank, drunk: boire
drive, drove, driven: conduire

e

easy: facile
eat, ate, eaten: manger
enemy: ennemi
enter: entrer
escape: s'évader
evening: soir
every: chaque
excellent: excellent
explorator: explorateur
eye: œil

f

fall: tomber
famous: célèbre
far: éloigné
fast: rapide
feed, fed, fed: nourrir
feel, felt, felt: (se) sentir
fencing: escrime
fight, fought, fought: se battre
flag: drapeau
flower: fleur
food: nourriture
football: football américain
four: quatre
freeze, froze, frozen: geler
freezing: glacial
Friday: vendredi
friend: ami
from: de (provenance)

g

gangster: gangster
garden: jardin/jardiner
general store: grand magasin
get up: se réveiller
girl: fille
give, gave, given: donner
glass: verre
go out: sortir
go shopping: faire les courses
go, went, gone: aller
golf: golf
good: bon, bien
grass: herbe
great: grand
guitar: guitare
gun: revolver
gymnastics: gymnastique

h

hair: chevelure, cheveux
half-time: mi-temps
hand: main
happiness: bonheur
happy: heureux
hat: chapeau
hate: détester
hear, heard, heard: écouter
here: ici
his: son, sa, ses
home: maison
homework: devoirs
horse: cheval
hot: brûlant
hot chocolate: chocolat
hotel: hôtel
house: maison
how many: combien + plur.
how much: combien + sing.
how: comment
hungry (to be): avoir faim
husband: mari

i-j

in: à, dans
intelligent: intelligent
jail: prison
January: janvier
jewel: bijou
July: juillet
jump: sauter
June: juin
justice: justice

k

kickoff: coup d'envoi
kilo: kilo
kitchen: cuisine
knit: tricoter
know, knew, known: savoir

l

last: dernier
lazy: paresseux
lie down, lay, lain: se coucher
life: vie
like: aimer
lip: lèvre
listen: écouter
live: vivre, habiter
living room: salon
look: regarder/avoir l'air
look for: chercher
love: aimer/amour
lullaby: berceuse

m

make, made, made: faire
man: homme
many: beaucoup + plur.
March: mars
marry: se marier
me: moi
meat: viande
meet, met, met: rencontrer
messy: désordonné
metre (en américain : ***meter***)***:*** mètre
milk: lait
mistake: erreur
model: mannequin
Monday: lundi
money: argent
month: mois
more: plus
morning: matin
mother: mère
mouse: souris
move: bouger
much: beaucoup + sing.
mummy: maman
must: devoir

n

name: nom
need: avoir besoin de
never: jamais
nice: joli
night: nuit
no: non/pas de
noise: bruit
not any: pas… de
not many: pas beaucoup + plur.
not much: pas beaucoup + sing.

o

obey to: obéir à
often: souvent
old: vieux
once: une fois

open: ouvrir
opposite: en face
orange juice: jus d'orange
outlaw: hors-la-loi
over there: là-bas

p-q

paint: peindre
painter: peintre
parent: parent
people: gens
person: personne
pet: animal de compagnie
photographer: photographe
pianist: pianiste
piano: piano
plaster: plâtre
play tennis: jouer au tennis
play: jouer
player: joueur
poor: pauvre
prepare: préparer
pretty: jolie
prison: prison
pullover: pull-over
pupil: élève
put, put, put: mettre
quiet: tranquille
quietly: tranquillement

r

rain: pleuvoir/pluie
rainy: pluvieux
read, read, read: lire
red: rouge, roux
referee: arbitre
regret: regret
reporter: reporter/journaliste
respect: respect
rich: riche
riding: équitation
rob: cambrioler
round: rond
rule: règle
run off, ran, run: s'enfuir

s

sad: triste
Saturday: samedi
say, said, said: dire
sea: mer
see, saw, seen: voir
September: septembre
serious: sérieux
shadow: ombre
shoot, shot, shot: tirer
shop: magasin
sing, sang, sung: chanter
sleep, slept, slept: dormir
small: petit
snowy: neigeux
so: si, tellement
soccer: football
some: du/de la/des
sometimes: quelquefois
son: fils
soup: soupe
speak, spoke, spoken: parler
special: spécial
sport: sport
sports ground: terrain de sport
sportsman (a): un sportif
sportswoman (a): une sportive
sporty: sportif
stay: rester
steal, stole, stolen: voler
street: rue
strong: fort
stupid: stupide
summer: été
sun: soleil
Sunday: dimanche
sunny: ensoleillé
sweet: bonbon
swim, swam, swum: nager
swimming: natation

t

take, took, taken: prendre
tall: grand
tea: thé
teacher: professeur
team: équipe
tell, told, told: dire
tennis: tennis
terrible: terrible
that: ce/cet/cette (éloigné)
the most ...: le plus
the: le/la/les
theatre: théâtre
these: ces (proche)
thing: chose
think, thought, thought: penser
this: ce/cet/cette (proche)
those: ces (éloigné)
through: à travers
Thursday: jeudi
tidy: ranger
time: temps/heure
times: fois
tired: fatigué
too many: trop de + plur.
too much: trop de + sing.
touch: toucher
town: ville
train: train
Tuesday: mardi
twice: deux fois

u

ugly: laid
uncle: oncle
under: sous
upstairs: en haut, à l'étage

v

very: très
videogame: jeu vidéo
visit: visiter

w

waiter: serveur
walk: marcher
wall: mur
want: vouloir
warm: chaud
wash: (se) laver
watch television: regarder la télévision
Wednesday: mercredi
week: semaine
weigh: peser
weight: poids
what: qu'est-ce
when: quand
where: où
which: qui
whistle: sifflet
who: qui
whose: à qui/dont
wind: vent
window: fenêtre
winter: hiver
woman: femme
world: monde

y

year: année
yesterday: hier
young: jeune

Conception et réalisation : Hubert Deveaux & Co – Direction éditoriale Fleurus : Christophe Savouré

Dépôt légal : mai 2002
ISBN : 2 215 05210-4
Loi n°49-956 du 16 juillet 1949 sur les publications destinées à la jeunesse.
Imprimé en Italie par Stige - Turin